entrées et

M. Palla

entrées et hors-d'œuvre

De Vecchi

Traduction de Sandrine Chabert-Morel et Marie-Christine Bonnefond

© 2006 Nouvelle édition - Éditions De Vecchi S.A. - Paris
Imprimé en Italie

Introduction

Le terme « hors-d'œuvre » désigne en général tous les plats, froids ou chauds, servis en « ouverture » d'un déjeuner ou d'un dîner composé de plusieurs plats. Ils sont proposés avant l'entrée et constituent des mises en bouche agréables comme : la tapenade, les olives farcies dont nous vous livrons les recettes dans les pages qui suivent. Leurs couleurs, leur parfum et leur saveur doivent être particulièrement attrayants, de même que les associations de formes et de consistances. En bref, il faut que les hors-d'œuvre attirent les invités, attisent leur curiosité, leur donnent envie de se mettre à table.

Les recettes proposées ici sont évidemment à accorder avec le plat principal. Par exemple, une entrée plutôt élaborée et nourrissante peut précéder un plat unique léger, dans le cadre d'un menu où le temps dont nous disposons est plus court.

Pour un repas traditionnel, il ne faut pas voir en trop grande quantité. Ainsi les portions d'entrées doivent être petites ; ne vous inquiétez pas d'une impression d'insuffisance car vos invités auront l'occasion par la suite de manger plus copieusement.

Les légumes sont parfaits à servir en entrée. En effet ils combinent la légèreté recommandée en début de repas et l'apport en vitamines et fibres qui est indispensable à une bonne santé.

Alors laissez-vous séduire par la grande diversité de légumes que nous trouvons sur les étalages des marchés : tomates, aubergines, courgettes, poivrons, chou rouge, roquette. Jouez sur les saveurs, mêlez les couleurs.

Mais vous pouvez aussi opter pour des entrées chaudes à base de pâte feuilletée, brisée ou de crêpes, ou pour des recettes à base de poissons ou de viandes pauvres en matières grasses. Bref, l'entrée n'impose aucune règle à part la légèreté et l'inventivité !

Les légumes : choisissez des légumes frais de saison quand vous en avez la possibilité, ils seront plus savoureux. Quand cela n'est pas possible, tournez-vous vers les légumes surgelés. Récoltés à la bonne saison, ils gardent toutes leurs qualités gustatives et nutritionnelles.

Les vinaigres : balsamique, vinaigre de vin, aromatisé ou non, vinaigre de cidre, ils sont nombreux et diffèrent par les raisins ou les pommes à partir desquels ils sont préparés, par leur conditionnement (tonneau de chêne, citronnier, mûrier,…), et par les aromates qui les accompagnent. Pour agrémenter toutes vos salades d'une touche de légèreté parfumée, nous vous conseillons le vinaigre balsamique.

Les herbes : pensez à mettre sur la fenêtre de la cuisine des petits pots d'herbes fraîches que l'on récolte du printemps à l'automne (persil, estragon, basilic, thym, aneth, menthe) et dont on peut faire, l'hiver, des réserves dans son congélateur.

À vous de jouer ! et bon appétit…

NIVEAU DE DIFFICULTÉ	
Très facile	★
Facile	★ ★
Élaborée	★ ★ ★
Difficile	★ ★ ★ ★

SAISON	
Printemps	
Été	
Automne	
Hiver	

RECETTES

Tapenade

DIFFICULTÉ ★

PRÉPARATION : **10** MIN

PRÉPARATION À L'AVANCE : OUI

POUR 8 PERSONNES

350 g d'olives noires

100 g d'anchois au sel

4 gousses d'ail

100 g de câpres au sel

100 g de thon à l'huile

2 citrons

25 cl d'huile d'olive extra vierge

thym frais

1 Faites dessaler les anchois, retirez les arêtes. Lavez, séchez puis découpez-les.

2 Dessalez les câpres sous l'eau courante, puis séchez-les.

3 Dénoyautez les olives et pelez les gousses d'ail.

4 Mixez les olives, les anchois, les câpres, l'ail, le thon et le jus de citron.

5 Passez cette purée dans un tamis, travaillez-la en ajoutant l'huile et le jus de l'autre citron jusqu'à l'obtention d'un mélange homogène et ferme.

6 Versez la tapenade dans une terrine, et servez-la parsemée de thym frais émietté. Accompagnez-la de tranches de pain grillées.

SAISON

VARIANTE
Vous pouvez accompagner ce savoureux hors-d'œuvre avec un assortiment de légumes très frais servis crus.

Poivrons grillés

DIFFICULTÉ ★

PRÉPARATION : 10 MIN

CUISSON : 10 MIN

PRÉPARATION À L'AVANCE : OUI

POUR 4 PERSONNES

1 poivron rouge

1 poivron jaune

50 g de filets d'anchois à l'huile

2 gousses d'ail

2 cuillerées à soupe de persil haché

huile d'olive extra vierge

1 Lavez, essuyez et coupez en deux les poivrons.

2 Faites-les griller puis, dès qu'ils sont cuits, mettez-les dans un plat.

3 Hachez finement les gousses d'ail.

4 Mettez-les dans une petite casserole avec quelques cuillerées à soupe d'huile d'olive, faites-les blondir. Joignez les filets d'anchois que vous ferez fondre avec une fourchette. Au bout d'1 minute de cuisson ajoutez le persil, mélangez, puis ôtez du feu.

5 Répartissez cette sauce sur les poivrons coupés en deux et servez.

▰ VARIANTE

Une cuillerée à soupe de câpres dessalées sous l'eau courante modifiera la saveur de ce plat tout simple. Si vous ne voulez pas utiliser d'huile cuite, il est possible de faire mariner tous les ingrédients de la recette dans de l'huile d'olive pendant au moins 1/2 heure au frais avant de servir.

 SAISON

Oignons farcis à la viande

DIFFICULTÉ ★★

PRÉPARATION : **50** MIN

CUISSON : **30** MIN

PRÉPARATION À L'AVANCE : OUI

POUR **6** PERSONNES

6 oignons moyens de même grosseur

200 g de viande maigre de porc

100 g de mozzarella

bouillon

persil

basilic

parmesan râpé

huile d'olive extra vierge

sel

poivre

1 Pelez les oignons, faites-les blanchir 3 à 4 minutes à l'eau bouillante, égouttez-les et laissez-les refroidir.

2 Évidez les oignons. Gardez la partie supérieure qui vous servira de petit couvercle.

3 Hachez la pulpe que vous avez extraite et mettez-la dans une petite casserole avec 1 petite cuillerée à soupe d'huile d'olive pour parfumer. Ajoutez la viande coupée en dés, faites-la rissoler puis couvrez avec le bouillon. Laissez mijoter la viande jusqu'à ce qu'elle soit très tendre, retirez-la du bouillon, hachez-la puis passez-la au moulin très fin.

4 Moulinez également la mozzarella et placez le tout dans un plat creux. Ajoutez 2 cuillerées à soupe de parmesan râpé, un peu de persil et de basilic hachés, 1 pincée de poivre, vérifiez le sel. Mélangez intimement.

5 Répartissez cette farce dans les coupelles formées par les oignons.

6 Disposez-les dans un plat en pyrex, arrosez avec une petite louche de bouillon, refermez avec les couvercles et enfournez environ 30 minutes à 180 °C.

7 Lorsque c'est cuit, disposez les oignons sur un plat chaud et servez.

SAISON

Olives farcies

DIFFICULTÉ ★★★

PRÉPARATION : 30 MIN
+ 30 MIN DE REPOS

CUISSON : 10 MIN

PRÉPARATION À L'AVANCE :
PARTIELLE

POUR **8** PERSONNES

500 g de grosses olives
vertes dénoyautées

50 g de viande maigre de
veau

50 g de saucisse fraîche

50 g de pancetta

2 œufs

20 g de beurre

chapelure

1 cuillerée à soupe de
persil haché

1/2 verre de vin blanc sec

1/2 verre de bouillon

farine

noix de muscade

huile de friture

sel

SAISON

1 Faites fondre le beurre dans une casserole et
laissez rissoler la viande de veau coupée en petits
dés et la saucisse débarrassée de sa peau et
coupée en morceaux. Mouillez avec le vin. Ajoutez
la pancetta en petits cubes. Laissez revenir.

2 Versez le bouillon, amenez à ébullition et laissez
cuire 5 minutes. Puis égouttez les viandes,
passez-les au hachoir et placez cette préparation
dans une terrine.

3 Laissez dans la casserole le fond de cuisson,
versez-y 2-3 cuillerées à soupe de chapelure et
remuez. Ajoutez le persil haché, 1 œuf, 1 pincée
de sel et 1 de noix de muscade en mélangeant
soigneusement. Si nécessaire, ajoutez de la
chapelure de manière à obtenir un mélange
homogène et dense. Laissez reposer environ
1/2 heure à température ambiante.

4 Farcissez les olives avec cette pâte et farinez-les,
passez-les dans l'œuf battu, puis dans la
chapelure.

5 Faites chauffer l'huile dans une poêle et faites frire
les olives en les retournant souvent jusqu'à ce
qu'elles soient bien dorées. Égouttez-les sur du
papier absorbant, puis dressez-les sur un plat et
servez chaud.

Artichauts aux crevettes et tomates

DIFFICULTÉ ★★

PRÉPARATION : 20 MIN
+ 3 H POUR LA CRÈME
ACIDULÉE

CUISSON : 45 MIN

PRÉPARATION À L'AVANCE : OUI

POUR 8 PERSONNES

8 artichauts

200 g de queues de crevettes

400 g de tomates mûres

1 oignon

persil haché

huile d'olive extra vierge

brandy

10 cl de crème fraîche

jus de citron

ciboulette hachée

sel

poivre

1   Préparez la crème acidulée en pressant quelques gouttes de jus de citron dans la crème fraîche. Gardez 2 à 3 heures au frais.

2   Parez les artichauts en éliminant toutes les parties non comestibles ainsi que les feuilles les plus dures. Placez les fonds d'artichauts dans de l'eau froide citronnée. Puis, faites-les cuire 30 minutes dans une grande quantité d'eau salée. Égouttez-les.

3   Lavez les tomates, réduisez-les en petits dés. Décortiquez, lavez et tamponnez les crevettes.

4   Faites chauffer quelques cuillerées à soupe d'huile d'olive dans une poêle, ajoutez l'oignon haché puis, lorsqu'il est doré, joignez les crevettes. Salez, poivrez et laissez cuire doucement.

5   Quelques minutes avant la fin de la cuisson, flambez les crevettes avec un petit verre de brandy. Lorsque l'alcool s'est évaporé, ajoutez les tomates concassées. Remuez et ôtez du feu.

6   Prévoyez un artichaut par assiette, répartissez les tomates et les crevettes, parsemez un peu de persil et de ciboulette, décorez avec la crème acidulée fouettée et servez.

SAISON

Tomates gratinées au fromage

DIFFICULTÉ ★

PRÉPARATION : 15 MIN

CUISSON : 15 MIN

PRÉPARATION À L'AVANCE : NON

POUR 6 PERSONNES

12 tomates allongées moyennes

200 g de taleggio

persil haché

huile d'olive extra vierge

sel

poivre

1 Lavez et séchez les tomates. Coupez-les en deux dans le sens de la longueur ou de la largeur.

2 Écroûtez le fromage et émincez-le en tranches fines.

3 Salez et poivrez les tomates, mettez-les dans un plat huilé et enfournez-les une dizaine de minutes à 180 °C.

4 La cuisson terminée, sortez-les du four, posez les tranches de fromage sur les tomates, parsemez-les de persil haché et poursuivez la cuisson 5 minutes.

5 Lorsque les tomates sont cuites, présentez-les sur un plat chaud et servez.

▬ VARIANTE

Vous pouvez évidemment varier les saveurs de cette recette en fonction du type de fromage que vous choisirez : emmenthal, caciocavallo, pecorino frais ou mi-affiné, gorgonzola frais ou piquant, fontina, etc. Vous pouvez aussi choisir les herbes aromatiques en fonction de vos goûts, ou ajouter différents ingrédients : olives noires, câpres, filets d'anchois…

SAISON

Aubergines frites

DIFFICULTÉ ★

PRÉPARATION : 20 MIN
+ 30 MIN POUR FAIRE
DÉGORGER LES AUBERGINES

CUISSON : 15 MIN

PRÉPARATION À L'AVANCE :
PARTIELLE

POUR 6 PERSONNES

2 grosses aubergines

4 tomates mûres

2 gousses d'ail

1 œuf

farine

chapelure

huile d'olive extra vierge

huile pour friture

sel

poivre

1 Lavez les tomates et coupez-les en tranches.

2 Versez quelques cuillerées à soupe d'huile d'olive dans une casserole, mettez sur le feu et faites dorer les gousses d'ail écrasées. Ajoutez les tomates, salez, poivrez et poursuivez la cuisson à feu vif pendant environ 15 minutes.

3 Coupez les extrémités des aubergines, lavez-les, séchez-les, coupez-les dans le sens de la longueur en tranches d'environ 1 cm d'épaisseur, mettez-les dans une assiette, salez-les et laissez-les dégorger environ 1/2 heure pour qu'elles perdent leur eau, puis égouttez-les et séchez-les.

4 Farinez-les légèrement, trempez-les dans l'œuf battu, salez-les, passez-les dans la chapelure puis faites-les frire dans une grande quantité d'huile. Retirez-les dès qu'elles sont croquantes et dorées. Faites-les égoutter, disposez-les dans un plat de service, versez les tomates bien chaudes dessus et servez.

SAISON

Salade d'oranges au fenouil

DIFFICULTÉ ★

PRÉPARATION : 25 MIN

PRÉPARATION À L'AVANCE : OUI

POUR 8 PERSONNES

4 oranges sanguines

2 fenouils

1 grenade

huile d'olive extra vierge

sel

poivre

1 Coupez la grenade en deux et ôtez les graines.

2 Nettoyez bien les fenouils et éliminez les parties externes, plus dures. Émincez-les finement dans le sens de la longueur.

3 Dans un plat creux, faites-les mariner quelques minutes avec l'huile, le sel et le poivre.

4 Pelez les oranges à vif, et tranchez-les, en récupérant leur jus dans un bol.

5 Placez les tranches d'oranges dans un plat, parsemez-les avec les graines de grenade, disposez les fenouils au centre, assaisonnez avec une émulsion faite avec le jus d'orange et l'huile de la marinade. Servez.

SAISON

Courgettes marinées à l'orange

DIFFICULTÉ ★★

PRÉPARATION : 20 MIN
+ 2 H POUR FAIRE DÉGORGER
LES COURGETTES ET
REPOSER AU FRAIS

CUISSON : 10 MIN

PRÉPARATION À L'AVANCE : OUI

POUR 6 PERSONNES

600 g de courgettes

jus d'1 orange

vinaigre de vin blanc

2 gousses d'ail

1 cuillerée à soupe de
persil haché

piment en poudre

sucre

huile pour friture

sel

1 Lavez les courgettes, séchez-les, coupez les extrémités, puis émincez-les.

2 Mettez-les dans une passoire, saupoudrez-les d'un peu de sel, et laissez reposer environ 2 heures pour qu'elles perdent leur eau.

3 Faites chauffer une grande quantité d'huile dans une poêle anti-adhésive, mettez-y peu à peu les courgettes. Faites-les bien dorer de chaque côté.

4 Égouttez-les, placez-les sur une feuille de papier absorbant puis mettez-les dans une terrine en terre. Salez légèrement, assaisonnez avec 1 pincée de piment et parsemez avec le persil et les gousses d'ail finement hachées.

5 Faites chauffer le jus d'orange dans une petite casserole avec le vinaigre en quantité égale et un peu de sucre. Lorsque le sucre a fondu, versez ce liquide sur les courgettes.

6 Remuez avec soin, couvrez le récipient et placez au frais quelques heures avant de servir.

SAISON

Arepas aux oignons frits

DIFFICULTÉ ★ ★ ★

PRÉPARATION : 20 MIN
+ 3 H POUR LA CRÈME
ACIDULÉE, 2 H POUR LE
TREMPAGE DES OIGNONS,
ET 30 MIN DE REPOS

CUISSON : 15 MIN

PRÉPARATION À L'AVANCE :
PARTIELLE

POUR 4 PERSONNES

150 g de farine blanche de maïs

200 g d'oignons

12 cl de crème fraîche

jus de citron

lait

farine

huile pour friture

sel

1 Préparez la crème acidulée en pressant quelques gouttes de jus de citron dans la crème. Gardez-la au frais pendant 2 ou 3 heures.

2 Coupez les oignons en fines rondelles et faites-les tremper dans le lait pendant environ 2 heures.

3 Mélangez la farine de maïs avec 1 pincée de sel et suffisamment d'eau pour obtenir une pâte souple et compacte. Laissez reposer 1/2 heure.

4 Prélevez de petites boules de pâte de façon à obtenir des disques d'environ 5 cm de diamètre et de 2 mm d'épaisseur.

5 Faites-les cuire sur une plaque ou dans une poêle anti-adhésive jusqu'à ce qu'ils prennent couleur et deviennent croustillants.

6 Égouttez les oignons, farinez-les et faites-les immédiatement frire dans de l'huile bouillante jusqu'à ce qu'ils soient dorés et croustillants. Posez-les sur du papier absorbant et salez-les.

7 Répartissez les arepas et les oignons dans de petites assiettes chaudes, servez avec la crème acidulée.

SAISON

Poivrons farcis

DIFFICULTÉ ★
PRÉPARATION : 10 MIN
CUISSON : 20 MIN
PRÉPARATION À L'AVANCE : OUI

POUR 4 PERSONNES

2 poivrons rouges
2 pommes de terre moyennes
8 filets d'anchois à l'huile
80 g d'olives noires
feuilles de basilic
huile d'olive extra vierge

1 Lavez les poivrons, séchez-les, coupez-les en deux et épépinez-les.

2 Faites cuire les pommes de terre, égouttez-les, épluchez-les puis coupez-les en petits morceaux.

3 Égouttez les filets d'anchois.

4 Faites chauffer dans une poêle quelques cuillerées à soupe d'huile d'olive, mettez les pommes de terre et laissez-les rissoler quelques minutes. Ajoutez les olives noires et les filets d'anchois.

5 Garnissez les demi-poivrons avec cette préparation et présentez-les dans 4 assiettes.

6 Décorez chaque assiette avec quelques feuilles de basilic et servez.

▰▰ VARIANTE

Il n'est pas indispensable de poêler les pommes de terre, mais il est certain que cela leur donne plus de goût.
Vous pouvez donner une saveur différente à ce plat en remplaçant par exemple les anchois par 100 g de jambon de Prague coupé en dés, ou 100 g de rôti de dinde.
Dans les 2 cas, vous pouvez remplacer le basilic par de la ciboulette.

SAISON

Guacamole

DIFFICULTÉ ★

PRÉPARATION : 10 MIN
+ LE TEMPS DE REPOS
AU FRAIS

PRÉPARATION À L'AVANCE : OUI

POUR 8 PERSONNES

2 avocats mûrs

2 tomates mûres

1 oignon moyen

2 cuillerées de jus de citron vert

feuilles de coriandre fraîche

sel

1 Lavez et séchez les tomates. Coupez-les en deux et pressez-les pour en faire sortir les pépins et l'eau. Taillez-les en tout petits dés.

2 Pelez et hachez finement l'oignon.

3 Coupez les avocats en deux, ôtez les noyaux et prélevez la pulpe à l'aide d'une cuillère. Écrasez-la à la fourchette pour la réduire en purée.

4 Ajoutez le jus de citron vert, le hachis d'oignon et les tomates en petits dés.

5 Mélangez bien, salez et parfumez avec les feuilles de coriandre ciselées.

6 Placez au réfrigérateur et servez le guacamole bien frais.

SAISON

▒ VARIANTE

Ce hors-d'œuvre se prépare au dernier moment. On le sert avec de petites galettes triangulaires typiques (nachos) que l'on trouve maintenant dans de nombreux supermarchés. Vous pouvez aussi le servir avec des croûtons très fins.

Salade de crevettes aux légumes

DIFFICULTÉ ★

PRÉPARATION : 15 MIN

CUISSON : 10 MIN

PRÉPARATION À L'AVANCE : OUI

POUR 8 PERSONNES

400 g de crevettes cuites à
l'eau

200 g de champignons

1 poivron rouge

2 branches de céleri

2 ciboules

huile d'olive extra vierge

jus de citron

sel

poivre noir en grains

1 Nettoyez les champignons sans les laver et coupez-les grossièrement.

2 Effilez le céleri et épluchez les ciboules ; émincez le tout finement.

3 Faites griller le poivron, frottez-le à l'aide d'un linge pour retirer la fine peau qui le recouvre, éliminez les filaments, les graines et le pédoncule puis coupez-le en petits dés.

4 Préparez une sauce en mélangeant 4 cuillerées à soupe d'huile, 1 cuillerée à soupe de jus de citron, du sel et du poivre fraîchement moulu.

5 Mettez les crevettes cuites et les légumes sur un plat, assaisonnez avec la sauce, mélangez bien et servez.

SAISON

Aumônières au chou rouge et à la pomme

DIFFICULTÉ ★★★

PRÉPARATION : 1 H + 30 MIN
DE REPOS

CUISSON : 20 MIN

PRÉPARATION À L'AVANCE :
PARTIELLE

POUR 4 PERSONNES

200 g de farine

3 jaunes d'œufs

300 g de chou rouge

100 g de speck (viande
fumée) coupé en dés

1 pomme Granny Smith

jus de citron

huile d'olive extra vierge

miel de châtaignier

sel

poivre

1 Travaillez la farine avec les 2 jaunes d'œufs, 4 cuillerées d'huile et 1 pincée de sel afin d'obtenir une pâte élastique et consistante. Couvrez avec une serviette et laissez-la reposer 1/2 heure.

2 Lavez, égouttez, coupez le chou en lanières. Pelez la pomme, coupez-la en petits cubes ; arrosez-les de jus de citron pour éviter qu'ils ne noircissent.

3 Dans une casserole, faites rissoler le speck dans 1 cuillerée à soupe d'huile. Lorsqu'il commence à prendre couleur, ajoutez le chou rouge, salez et poivrez et laissez cuire une vingtaine de minutes en remuant souvent. 5 minutes avant la fin de la cuisson, mettez les morceaux de pomme.

4 Étalez la pâte ; à l'aide d'une roulette à roue dentée, coupez 4 carrés de pâte de 12 cm. Garnissez le centre des carrés de la préparation à base de chou, refermez ces aumônières et placez-les sur une plaque à four farinée.

5 Passez à l'aide d'un pinceau à pâtisserie un peu de jaune d'œuf battu sur les aumônières et enfournez-les à 180 °C environ 15-20 minutes.

6 Chauffez dans une petite casserole quelques cuillerées de miel. Présentez les aumônières dans des assiettes chaudes, nappez-les avec le miel chaud et servez.

SAISON

Aubergines à l'aigre-doux

DIFFICULTÉ ★

PRÉPARATION : 10 MIN
+ 2 H POUR FAIRE DÉGORGER
LES AUBERGINES

CUISSON : 20 MIN

PRÉPARATION À L'AVANCE : OUI

POUR **8** PERSONNES

800 g d'aubergines

1 gousse d'ail

1 branche de céleri hachée

2 cuillerées à soupe de
câpres au vinaigre

2 tomates pelées
épépinées

2 cuillerées d'huile d'olive
extra vierge

1/2 verre de vinaigre de vin
blanc

1 cuillerée de sucre

sel

1 Coupez les aubergines en petits cubes, mettez-les dans une passoire, saupoudrez-les d'un peu de sel et laissez-les reposer 2 heures afin qu'elles perdent leur eau puis essuyez-les.

2 Faites-les sauter quelques minutes dans une poêle anti-adhésive sans assaisonnement.

3 Dans une sauteuse, faites rissoler l'ail écrasé et le céleri dans l'huile d'olive. Ajoutez les câpres, les tomates en morceaux, le sucre, le vinaigre et laissez mijoter doucement pendant 10 minutes.

4 Ajoutez les aubergines et laissez cuire 2-3 minutes supplémentaires.

5 Laissez refroidir complètement cette préparation puis transférez-la dans un plat et servez avec des tranches chaudes de bruschettas.

SAISON

▰▰ VARIANTE
Vous pouvez enrichir ce plat en ajoutant dans la sauteuse 100 g d'olives noires dénoyautées et coupées en deux, en même temps que les câpres et les tomates.

Crêpes aux champignons

DIFFICULTÉ ★ ★

PRÉPARATION : 40 MIN

CUISSON : 10 MIN

PRÉPARATION À L'AVANCE :
PARTIELLE

POUR 6 PERSONNES

12 crêpes

400 g de cèpes

1 gousse d'ail

30 g de parmesan râpé

huile d'olive extra vierge

persil haché

bouillon

40 g de farine

40 cl de lait

30 g de beurre

noix de muscade

sel

poivre

1 Nettoyez les champignons en les grattant avec un couteau ; essuyez-les à l'aide d'un linge humide, puis émincez-les.

2 Dans une sauteuse, faites revenir dans quelques cuillerées à soupe d'huile l'ail écrasé.
Retirez-le lorsqu'il a coloré, ajoutez les champignons, salez, poivrez et faites-les rissoler à feu vif. Poursuivez la cuisson à feu doux et ajoutez une petite louche de bouillon.
Parsemez d'1 cuillerée de persil haché.

3 Préparez une béchamel avec le lait, la farine, le beurre, 1 pincée de sel et 1 pincée de muscade râpée.

4 Hachez la moitié des champignons sautés puis ajoutez-les à la béchamel avec le parmesan râpé.

5 Farcissez les crêpes avec la béchamel aux champignons, pliez-les et rangez-les dans un plat beurré. Étalez un peu de beurre fondu sur les crêpes puis glissez-les au four environ 10 minutes.

6 Présentez 2 crêpes dans chaque assiette préalablement chauffée, avec une cuillerée de champignons sautés en accompagnement. Servez.

SAISON

Veau et sa sauce aux abricots

DIFFICULTÉ ★★

PRÉPARATION : 20 MIN
+ 1 H DE REPOS AU FRAIS

CUISSON : 1 H 20

PRÉPARATION À L'AVANCE : OUI

POUR 6 PERSONNES

500 g de quasi de veau

200 g d'abricots

2 jaunes d'œufs

1 carotte

1 branche de céleri

1 oignon moyen

1 cuillerée de jus de citron

vin blanc sec

bouillon

sel

poivre

1 Lavez, essuyez et ficelez la viande pour qu'elle reste compacte au moment de la cuisson.

2 Placez-la dans une casserole, couvrez-la avec le vin blanc et le bouillon en parts égales, ajoutez les abricots dénoyautés, la carotte, le céleri et l'oignon coupés en morceaux et enfin le jus de citron. Portez à ébullition, poivrez et laissez cuire environ 1 heure.

3 Lorsque la cuisson est terminée, égouttez la viande, défaites la ficelle et mettez-la de côté.

4 Tamisez le fond de cuisson puis faites-le réduire à feu vif. Lorsque la sauce est suffisamment épaisse, retirez-la du feu. Incorporez les jaunes d'œufs et ajustez le sel à votre goût.

5 Coupez la viande en tranches fines, dressez-la sur un plat, nappez-la avec la sauce et placez le tout au moins 1 heure au réfrigérateur avant de servir.

SAISON

Carpaccio, roquette et parmesan

DIFFICULTÉ ★

PRÉPARATION : **10** MIN

PRÉPARATION À L'AVANCE : NON

POUR 6 PERSONNES

400 g de viande de bœuf
de premier choix coupée
en tranches très fines

100 g de roquette

100 g de frisée

100 g de parmesan

jus de citron

huile d'olive extra vierge

sel

poivre blanc en grains

1 Dans un bol, mettez 1 pincée de sel, 2 cuillerées à soupe de jus de citron, mélangez jusqu'à ce que le sel soit dissous. Émulsionnez avec 6 cuillerées à soupe d'huile et 1 tour de moulin de poivre blanc.

2 Mettez la viande sur un plat de service et assaisonnez-la avec la sauce.

3 Recouvrez-la avec le parmesan en copeaux. Utilisez pour ce faire un rasoir à truffes ou un économe.

4 Choisissez des feuilles de roquette et de frisée jeunes et tendres, lavez-les soigneusement, essorez-les et placez-les sur la viande.

5 Servez immédiatement. Vous pouvez éventuellement ajouter quelques petites cuillerées de yaourt maigre dont vous napperez le carpaccio.

SAISON

Gambas à la sauce aigre-douce

DIFFICULTÉ ★

PRÉPARATION : 25 MIN

CUISSON : 20 MIN

PRÉPARATION À L'AVANCE : OUI

POUR 6 PERSONNES

400 g de queues de
gambas

3 pommes de terre
moyennes

150 g de haricots verts

2 piments rouges frais

jus de citron

sauce ketchup

vinaigre de vin blanc

sauce soja

saké

sucre

maïzena

1 Faites cuire les queues de gambas 5 minutes
dans de l'eau salée additionnée d'un jus de citron,
puis décortiquez-les.

2 Faites cuire séparément dans de l'eau salée les
pommes de terre et les haricots verts équeutés.

3 Pelez et coupez les pommes de terre en
morceaux.

4 Épluchez les piments, retirez le pédoncule et les
graines puis hachez-les finement.

5 Versez dans une casserole 3 cuillerées à soupe de
ketchup, 4 de saké, 4 de sucre, 4 de vinaigre,
4 de sauce soja, 2 de maïzena délayée dans un
verre d'eau froide et le piment haché.

6 Mélangez bien et laissez cuire 2 à 3 minutes à feu
doux, puis répartissez cette sauce dans 4 bols.

7 Mettez les gambas, les pommes de terre et les
haricots verts dans de petites assiettes et servez
en présentant à part les petits bols de sauce.

SAISON

Filet de thon en salade

DIFFICULTÉ   ★★

PRÉPARATION : 10 MIN
+ 2 H POUR LA MARINADE ET
LE REPOS AU FRAIS

CUISSON : 10 MIN

PRÉPARATION À L'AVANCE : OUI

POUR 6 PERSONNES

600 g de filet de thon

300 g de salades
mélangées

1 oignon

1 branche de céleri

1/2 verre de vin blanc sec

quelques branches de
thym

huile d'olive extra vierge

vinaigre de vin blanc

sel

poivre noir

1 Hachez ensemble l'oignon et le céleri.

2 Dans une terrine, préparez une marinade avec le vin blanc, 2 cuillerées à soupe d'huile, le thym, le hachis d'oignon et de céleri, le sel et le poivre.

3 Mettez-y le thon, placez le tout au réfrigérateur et laissez au moins 2 heures, en tournant le poisson de temps à autre.

4 Mettez ensuite le thon dans un plat, arrosez-le avec une louche de marinade et faites cuire 10 minutes maximum dans un four à 200 °C.

5 Laissez refroidir le thon, coupez-le en tranches, disposez-les sur un plat et servez-les accompagnées d'une salade aux feuilles vertes et rouges.

Harengs frais marinés

DIFFICULTÉ ★★

PRÉPARATION : 15 MIN
+ 5 H POUR LA MACÉRATION
ET 2 H DE REPOS AU FRAIS

CUISSON : 40 MIN

PRÉPARATION À L'AVANCE : OUI

POUR 4 PERSONNES

4 harengs

2 oignons

1 carotte

thym

laurier

persil

clous de girofle

poivre blanc en grains

vin blanc sec

vinaigre de vin blanc

1 Nettoyez les harengs et laissez-les macérer dans le sel pendant 4 ou 5 heures. Puis, lavez-les et séchez-les.

2 Épluchez l'oignon et la carotte, puis émincez-les en rondelles très fines.

3 Mettez la moitié des légumes émincés au fond d'un récipient en terre cuite, ajoutez les harengs, une branche de thym, une feuille de laurier, 2 clous de girofle, quelques petits bouquets de persil, et quelques grains de poivre. Terminez avec le reste des légumes.

4 Couvrez le tout de vin et de vinaigre à parts égales.

5 Portez à ébullition, couvrez et laissez cuire à feu très doux pendant 40 minutes.

6 Servez les harengs froids dans leur fond de cuisson.

SAISON

▨ VARIANTE

Vous pouvez remplacer le vin blanc par un vin rouge pas trop charpenté. Une petite cuillerée de graines de moutarde peut remplacer le poivre et donner une touche différente à ce plat inspiré de la tradition culinaire nordique.

Pommes de terre
aux œufs de saumon

DIFFICULTÉ ★

PRÉPARATION : 5 MIN

CUISSON : 20 MIN

PRÉPARATION À L'AVANCE : OUI

POUR 4 PERSONNES

4 pommes de terre de taille moyenne

œufs de saumon

sel

1 Lavez les pommes de terre sans les éplucher.

2 Faites-les bouillir dans de l'eau salée, égouttez-les, laissez-les refroidir puis ôtez la peau.

3 Mettez les pommes de terre dans des assiettes individuelles et servez-les accompagnées de 2 cuillerées à soupe d'œufs de saumon.

SAISON

Saumon fumé et toast Melba

DIFFICULTÉ ★

PRÉPARATION : **10** MIN

CUISSON : **5** MIN

PRÉPARATION À L'AVANCE : NON

POUR **4** PERSONNES

200 g de saumon fumé

2 tranches de pain de mie

1 citron

petits bouquets d'aneth

beurre

1 Coupez le citron en 4 quartiers.

2 Retirez la croûte sur les tranches de pain de mie et faites-les griller.

3 À l'aide d'un petit couteau très aiguisé, coupez chaque tranche de pain dans l'épaisseur afin d'obtenir 4 tranches très fines puis coupez-les de nouveau en diagonale.

4 Replacez ces triangles dans le four, sous le gril, le côté non grillé tourné vers le haut afin de le faire dorer et de le rendre croustillant.

5 Mettez dans de petites assiettes individuelles le saumon fumé, accompagné de 2 petits triangles de pain toasté et d'1 quartier de citron, décorez avec un petit bouquet d'aneth puis servez en présentant à part le beurre que vous étalerez sur les toasts Melba.

▦ VARIANTE

Les toasts Melba ne sont rien d'autre que des toasts très fins, croquants et très secs, que l'on sert traditionnellement comme canapés en accompagnement de fromages, de pâtés et de saumon fumé. Vous pouvez aussi les préparer quelques jours avant de les consommer : n'oubliez pas alors de les conserver dans un récipient hermétique. Vous les ferez réchauffer rapidement dans un four à 170 °C juste avant de les servir.

SAISON

Sauté de gambas aux épices

DIFFICULTÉ ★

PRÉPARATION : 5 MIN

CUISSON : 10 MIN

PRÉPARATION À L'AVANCE : PARTIELLE

POUR 4 PERSONNES

400 g de queues de gambas

1 gousse d'ail

1 piment rouge

1 petit bouquet de persil

huile d'olive extra vierge

2 citrons

sel

1 Mettez les gambas dans une casserole d'eau bouillante salée et couvrez-les.

2 Faites-les cuire 5 minutes puis égouttez-les.

3 Pelez le piment, retirez le pédoncule et les graines. Hachez-le finement avec l'ail et le persil.

4 Coupez les citrons en 8 quartiers.

5 Faites chauffer le hachis dans une poêle avec quelques cuillerées à soupe d'huile d'olive. Avant qu'il ne colore ajoutez les gambas, salez légèrement et faites-les sauter un instant à feu vif.

6 Retirez du feu, égouttez les gambas, posez-les sur les assiettes et servez-les accompagnées de quartiers de citrons.

SAISON

▨ VARIANTE

Pour des saveurs plus exotiques, vous pouvez remplacer les quartiers de citrons par des quartiers de pamplemousse ou, autre alternative, décorer ce plat avec des feuilles de menthe.

Brochettes de la mer

DIFFICULTÉ ★★

PRÉPARATION : 30 MIN
+ 30 MIN POUR LA MARINADE

CUISSON : 5 MIN

PRÉPARATION À L'AVANCE :
PARTIELLE

POUR 10 PERSONNES

300 g de queues de
crevettes

300 g de petites seiches
nettoyées

200 g de petits
champignons de Paris

1 poivron rouge

1 poivron jaune

1 poivron vert

1 courgette

ail

persil

jus de citron

huile d'olive extra vierge

sel

poivre

1 Lavez et séchez les crevettes et les petites
seiches.

2 Nettoyez les champignons, lavez-les et essuyez-
les. Lavez et essuyez les poivrons, coupez-les en
deux, retirez leur pédoncule, les graines et les
filaments puis coupez-les en morceaux. Lavez et
essuyez la courgette. Coupez-la en gros dés.

3 Pour la marinade mélangez l'huile, le jus de citron,
l'ail et le persil hachés, le sel et le poivre.

4 Placez-y les crevettes et les petites seiches
environ 1/2 heure, puis égouttez-les.

5 Enfilez tous les ingrédients en les faisant alterner
sur 10 brochettes.

6 Posez la grille sur des braises rouges de charbon
de bois.

7 Faites cuire les brochettes en les humectant, à
l'aide d'un pinceau avec le liquide de la marinade.

8 Servez les brochettes sur des assiettes.

SAISON

Tarama

DIFFICULTÉ ★

PRÉPARATION : 10 MIN
+ 3 H DE REPOS AU FRAIS

PRÉPARATION À L'AVANCE : OUI

POUR 6 PERSONNES

150 g d'œufs de cabillaud fumés

3 tranches de pain rassis

1 ou 2 citrons

huile d'olive extra vierge

crème fraîche

olives noires

1. Écroûtez le pain, faites-le tremper quelques minutes dans de l'eau chaude, puis essorez-le.

2. Mixez les œufs de cabillaud et le pain. Incorporez 4 cuillerées à soupe d'huile d'olive, 2 de crème fraîche, et le jus des citrons jusqu'à ce que vous obteniez un mélange onctueux et homogène. Si nécessaire, ajoutez de l'huile et du jus de citron.

3. Placez cette préparation dans une terrine et laissez-la refroidir 2 ou 3 heures au réfrigérateur.

4. Décorez ensuite avec les olives noires et servez accompagné de croûtons de pain grillé.

▓ VARIANTE

Les œufs de cabillaud fumés sont l'ingrédient principal de cette recette grecque. Ils peuvent être remplacés par des œufs de truite ou de saumon. Vous pouvez, si vous le souhaitez, ajouter un peu d'oignon râpé ou des câpres quelques instants avant de servir.

SAISON

Crêpes aux courgettes et au fromage

DIFFICULTÉ ★★

PRÉPARATION : 15 MIN
+ 1 H POUR RÉHYDRATER LE POIVRE ROSE

CUISSON : 5 MIN

PRÉPARATION À L'AVANCE : NON

POUR 6 PERSONNES

12 crêpes

300 g de courgettes

6 tranches de fromage de chèvre type « bûche »

huile d'olive extra vierge

vin blanc sec

gingembre en poudre

sel

poivre rose en grains

1 Pendant 1 heure, faites mariner 1 cuillerée de poivre rose dans un petit bol contenant le vin blanc.

2 Lavez et essuyez les courgettes, ôtez les extrémités et coupez-les en julienne.

3 Faites sauter les courgettes dans quelques cuillerées d'huile avec le poivre rose et 1 pincée de sel. Lorsqu'elles commencent à dorer retirez-les du feu et saupoudrez-les de gingembre.

4 Farcissez les crêpes avec les courgettes sautées, pliez-les, rangez-les par deux dans de petites assiettes et placez à côté de chaque crêpe une tranche de fromage de chèvre. Servez.

SAISON

VARIANTE

Remplacez le gingembre par du curcuma pour une saveur plus épicée. Dans les 2 cas vous pouvez ajouter à la garniture des cerneaux de noix ou des amandes grillées.

Index des recettes

*Achevé d'imprimer en mai 2006
à Bergame, Italie,
sur les presses de Print*

*Dépôt légal : mai 2006
Numéro d'éditeur : 9534*